Sandra Kraus

Sprachförderung an Stationen

Handlungsorientierte Atem-, Sprech-, Wortschatz- und Grammatikübungen

Klasse 1 und 2

Auer Verlag

Die Herausgeber:

Marco Bettner – Rektor als Ausbildungsleiter, Haupt- und Realschullehrer, Referent in der Lehrerfort- und Weiterbildung, zahlreiche Veröffentlichungen als Autor und Herausgeber

Dr. Erik Dinges – Rektor einer Förderschule für Lernhilfe, Referent in der Lehrerfort- und Weiterbildung, zahlreiche Veröffentlichungen als Autor und Herausgeber

Die Autorin:

Sandra Kraus – Förderschullehrerin, langjährige Berufserfahrung an einer Grundschule, zahlreiche Veröffentlichungen

Gedruckt auf umweltbewusst gefertigtem, chlorfrei gebleichtem
und alterungsbeständigem Papier.

1. Auflage 2011
Nach den seit 2006 amtlich gültigen Regelungen der Rechtschreibung

Illustration auf dem Cover: Corina Beurenmeister
Illustrationen im Innenteil: Bettina Weyland, Corina Beurenmeister
Satz: Fotosatz H. Buck, Kumhausen
Druck und Bindung: Franz X. Stückle Druck und Verlag, Ettenheim
ISBN 978-3-403-**06816**-7

www.auer-verlag.de

Inhalt

Vorwort

Bei den vorliegenden Stationsarbeiten handelt es sich um eine Arbeitsform, bei der unterschiedliche Lernvoraussetzungen, unterschiedliche Zugänge und Betrachtungsweisen und unterschiedliche Lern- und Arbeitstempi der Schülerinnen und Schüler Berücksichtigung finden. Die Grundidee ist, den Schülerinnen und Schülern einzelne Arbeitsstationen anzubieten, an denen sie gleichzeitig selbstständig arbeiten können. Die Reihenfolge des Bearbeitens der einzelnen Stationen ist dabei ebenso frei wählbar wie das Arbeitstempo und meist auch die Sozialform.
Als dominierende Unterrichtsprinzipien sind bei allen Stationen die Schüler- und Handlungsorientierung aufzuführen. Schülerorientierung meint, dass der Lehrer in den Hintergrund tritt und nicht mehr im Mittelpunkt der Interaktion steht. Er wird zum Beobachter, Berater und Moderator. Seine Aufgabe ist nicht das Strukturieren und Darbieten des Lerngegenstandes in kleinsten Schritten, sondern durch die vorbereiteten Stationen eine Lernatmosphäre zu schaffen, in der Schülerinnen und Schüler sich Unterrichtsinhalte eigenständig erarbeiten bzw. Lerninhalte festigen und vertiefen können.
Handlungsorientierung meint, dass das angebotene Material und die Arbeitsaufträge für sich selbst sprechen. Der Unterrichtsgegenstand und die zu gewinnenden Erkenntnisse werden nicht durch den Lehrer dargeboten, sondern durch die Auseinandersetzung mit dem Material und die eigene Tätigkeit gewonnen und begriffen.

Ziel der Veröffentlichung ist, wie oben angesprochen, das Anknüpfen an unterschiedliche Lernvoraussetzungen der Schülerinnen und Schüler. Jeder einzelne Schüler erhält seinen eigenen Zugang zum inhaltlichen Lernstoff. Die einzelnen Stationen ermöglichen das Lernen nach allen Sinnen bzw. nach den verschiedenen Eingangskanälen. Dabei werden sowohl visuelle (sehorientierte), haptische (fühlorientierte) als auch intellektuelle Lerntypen angesprochen. An dieser Stelle werden auch gleichermaßen die Bruner'schen Repräsentationsebenen (enaktiv bzw. handelnd, ikonisch bzw. visuell und symbolisch) mit einbezogen. Aus Ergebnissen der Wissenschaft ist bekannt: Je mehr Eingangskanäle angesprochen werden, umso besser und langfristiger wird Wissen gespeichert und damit umso fester verankert. Das vorliegende Arbeitsheft unterstützt in diesem Zusammenhang das Erinnerungsvermögen, das nicht nur an Einzelheiten, an Begriffe und Zahlen geknüpft ist, sondern häufig auch an die Lernsituation.

Folgende Inhalte werden innerhalb der verschiedenen Stationen behandelt:
- Atemübungen und mundmotorische Übungen
- Übungen am Laut (an den Lauten *s*, *sch*, *g*, *t*, *r*)
- Übungen zur Wortschatzerweiterung
- Grammatikübungen

Viel Freude und Erfolg mit dem vorliegenden Heft wünschen Ihnen
die Herausgeber

Marco Bettner *Dr. Erik Dinges*

Materialaufstellung und Hinweise

Die Arbeit an den Stationen ist nicht nur in Einzelarbeit, sondern auch in Partnerarbeit oder in Kleingruppen durchzuführen. Dahinter steckt, dass Sprachförderung natürlich auch Sprechen beinhaltet und dies nur im Austausch mit Mitschülern möglich ist. Welche Sozialform an den einzelnen Stationen verwendet werden soll, ist in der Kopfzeile der Arbeitsblätter vermerkt: Einzelarbeit (☺), Partnerarbeit (☺☺), Kleingruppenarbeit (☺☺☺) und Arbeit mit der gesamten Klasse (☺☺☺☺).

Atemübungen und mundmotorische Übungen

Die Seiten 8 bis 16 in entsprechender Anzahl kopieren und den Schülerinnen und Schülern bereitlegen.

Station 1	**Pustefußball** Fußballfeld größer kopieren, ausschneiden und laminieren, Wattebausch oder Filzkugel (Bastelshop) bereitlegen.
Station 2	**Erbsenstaffel** Erbsen, Plastikbecher und Strohhalme bereitlegen.
Station 3	**Honig sammeln** Strohhalme bereitlegen.
Station 4	**Autorennen** Eierlöffel und „leichte" Spielzeugautos bereitlegen, mit Klebeband Ziellinie abkleben.
Station 5	**Kaugummi-Grimassen** Karten kopieren (evtl. laminieren) und ausschneiden. Karten und Kaugummis bereitlegen, evtl. auch Spiegel.
Station 6	**Mundmaler** Karten kopieren (evtl. laminieren), ausschneiden und bereitlegen. Jedes Kind verwendet seine eigenen Filzstifte.
Station 7	**Staubsauger** Strohhalme und Schälchen (je nach Anzahl der Mitspieler) bereitlegen. Schnipsel o. Ä. auf einem Tisch verteilen.

Übungen am Laut *s*

Die Seiten 17 bis 27 in entsprechender Anzahl kopieren und den Schülerinnen und Schülern bereitlegen. Als Möglichkeit zur Selbstkontrolle können Lösungen zur Verfügung gestellt werden.

Station 2	**Mäusejagd – Lautlokalisation** Korken mit Schnur und Becher bereitlegen.
Station 3	***S*-Wörter** Karten kopieren (evtl. laminieren), ausschneiden und bereitlegen.
Station 6	**Memory®** Memory®-Karten kopieren (evtl. laminieren), ausschneiden und bereitlegen.

Übungen am Laut *sch*

Die Seiten 28 bis 33 in entsprechender Anzahl kopieren und den Schülerinnen und Schülern bereitlegen. Als Möglichkeit zur Selbstkontrolle können Lösungen zur Verfügung gestellt werden.

Station 3	**Schorschi – Wortebene** Würfel und Spielfiguren bereitlegen.
Station 4	**Windspiel – Lautartikulation** Feder bereitlegen, evtl. Stoppuhr.
Station 6	**Domino – Satzebene** Schere bereitlegen. Arbeitsblatt – wenn möglich – auf festerem Papier zur Verfügung stellen.

Übungen am Laut *g*

Die Seiten 34 bis 42 in entsprechender Anzahl kopieren und den Schülerinnen und Schülern bereitlegen. Als Möglichkeit zur Selbstkontrolle können Lösungen zur Verfügung gestellt werden.

Station 1	**Giggi Gans – Lautdifferenzierung** Schere und Klebstoff bereitlegen.
Station 2	**Gänsegeschnatter** Evtl. Muggelsteine zur Punktvergabe bereitlegen.
Station 3	**Giggi-Gans-Bingo – Wortebene** Wortkarten kopieren (evtl. laminieren) und ausschneiden. Karten und Muggelsteine bereitlegen. Arbeitsblatt – wenn möglich – auf festerem Papier zur Verfügung stellen.
Station 4	**Memory®** Schere bereitlegen. Arbeitsblatt – wenn möglich – auf festerem Papier zur Verfügung stellen.
Station 5	**G-Activity** Karten kopieren (evtl. laminieren) und ausschneiden. Karten, Papier und Stifte bereitlegen, evtl. auch Tafel zur Verfügung stellen.

Übungen am Laut *t*

Die Seiten 43 bis 48 in entsprechender Anzahl kopieren und den Schülerinnen und Schülern bereitlegen. Als Möglichkeit zur Selbstkontrolle können Lösungen zur Verfügung gestellt werden.

Station 4	**Tim Tom Tum – Wortebene/Wahrnehmung** Kataloge und Zeitschriften bereitlegen.
Station 6	**Tita Tupf – Textebene** Buntstifte bereitlegen.

Übungen am Laut *r*

Die Seiten 49 bis 55 in entsprechender Anzahl kopieren und den Schülerinnen und Schülern bereitlegen. Als Möglichkeit zur Selbstkontrolle können Lösungen zur Verfügung gestellt werden.

Station 1 **Wassersprechen – Lautanbahnung**
Zugang zu einem Waschbecken ermöglichen. Becher bereitlegen.

Station 2 **Autorennen – Lautartikulation**
Gleich lange Schnüre an zwei Spielzeugautos binden, die Autos bereitlegen.

Station 3 **Rumo Rabe – Lautebene**
Kataloge und Zeitschriften sowie Klebstoff bereitlegen.

Station 6 **Raubraben – Satzebene**
Zahlenkarten kopieren (evtl. laminieren), ausschneiden und bereitlegen.

Wortschatzerweiterung

Die Seiten 56 bis 66 in entsprechender Anzahl kopieren und den Schülerinnen und Schülern bereitlegen. Als Möglichkeit zur Selbstkontrolle können Lösungen zur Verfügung gestellt werden.

Station 1 **Das Dings**
Karten kopieren (evtl. laminieren) und ausschneiden. Karten und Sanduhr (ca. 1 Minute) bereitlegen.

Station 2 **Kaufladen**
Auftragskarten kopieren (evtl. laminieren), ausschneiden und bereitlegen.

Station 5 **Quatschpatsch**
Muggelsteine zur Punktevergabe bereitlegen.

Station 6 **Wörtersammler**
Buchstabenkarten kopieren (evtl. laminieren) und ausschneiden. Karten und Sanduhr (ca. 1 Minute) bereitlegen.

Grammatikübungen

Die Seiten 67 bis 72 in entsprechender Anzahl kopieren und den Schülerinnen und Schülern bereitlegen. Als Möglichkeit zur Selbstkontrolle können Lösungen zur Verfügung gestellt werden.

Station 1 **Silbenspiel**
Würfel und Spielfiguren bereitlegen.

Station 5 **Satzdurcheinander**
Schere und Klebstoff bereitlegen. Die Kinder benötigen ihr Heft.

Station 1 Pustefußball (Arbeitsblatt) ☺☺

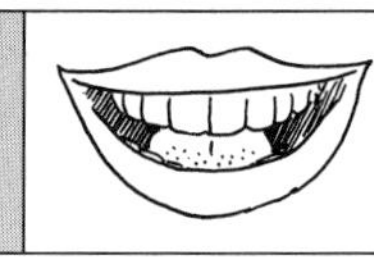

Aufgabe:

Suche dir einen Partner.
Spielt Pustefußball.

Anleitung:

Legt das Spielfeld auf den Tisch.
Der Wattefußball kommt in die Mitte des Spielfeldes.
Ihr legt beide Hände auf den Rücken.
Ihr müsst sitzenbleiben und dürft mit eurem Kopf nicht über das Spielfeld kommen.
Jetzt pustet abwechselnd los.
Ihr müsst genau das Tor treffen, um einen Punkt zu erzielen.
Wer zuerst elf Punkte hat, hat gewonnen.

Station 1 Pustefußball (Spielfeld) ☺☺

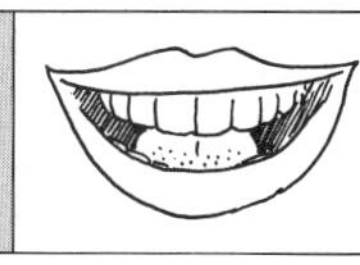

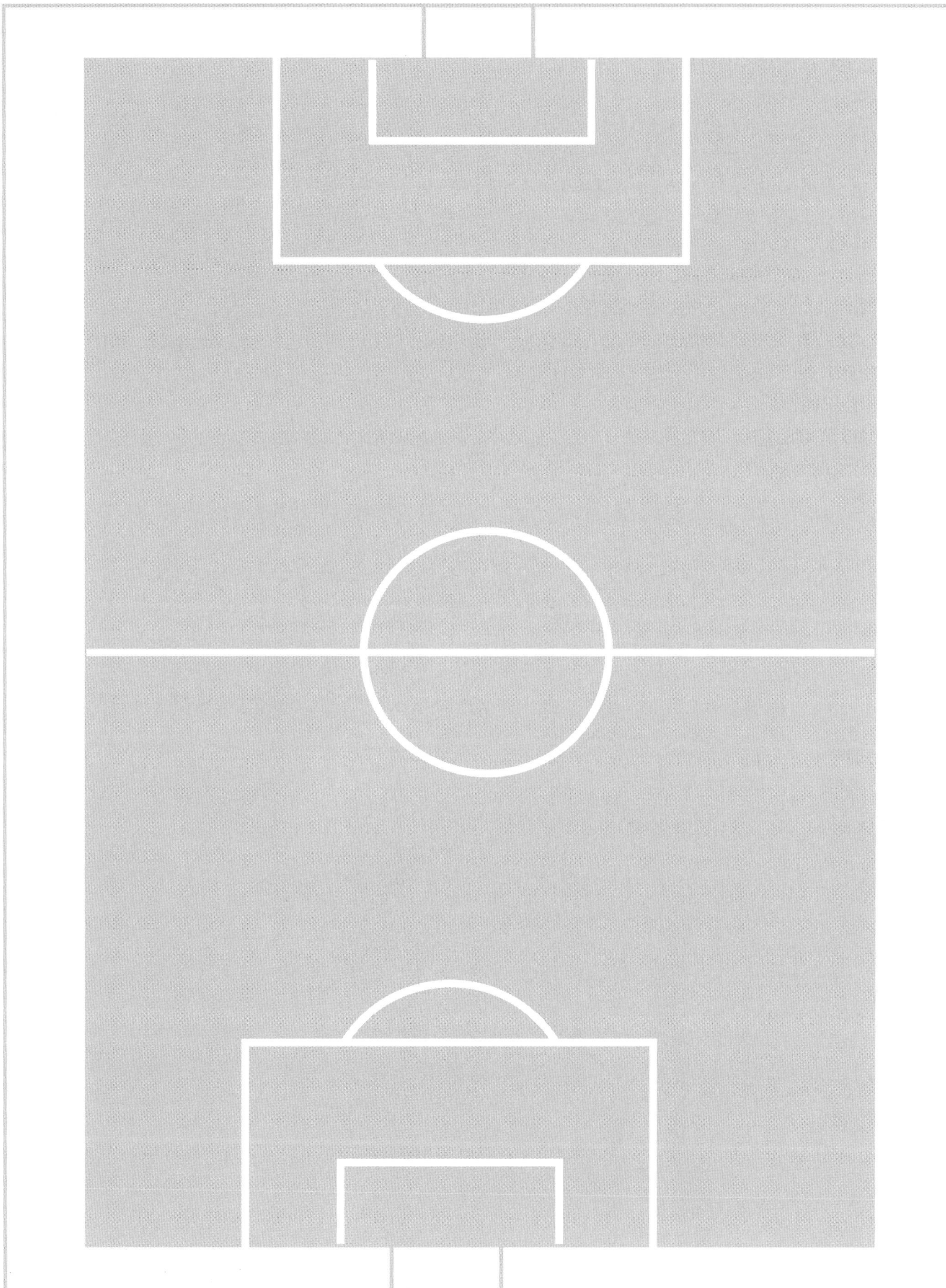

Station 2 Erbsenstaffel ☺☺☺

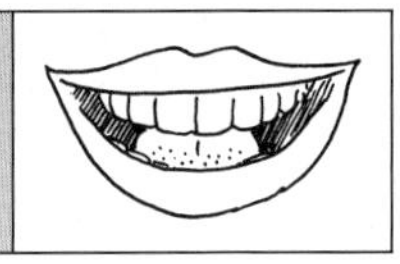

Aufgabe:

Bildet zwei Mannschaften mit gleich vielen Spielern
(mindestens drei pro Mannschaft).
Wer gewinnt die Erbsenstaffel?

Anleitung:

Jeder bekommt einen Plastikbecher und einen Strohhalm.
Im Plastikbecher des ersten Spielers befindet sich eine Erbse.
Auf das Startzeichen geht es los:
Sauge die Erbse mit dem Strohhalm an und gib sie deinem Nachbarn in den Becher.
Ihr dürft die Becher nicht anfassen, also nehmt am besten die Hände auf den Rücken.
Die Gruppe, deren Erbse zuerst wieder im ersten Plastikbecher ist, hat gewonnen.

Station 3 Honig sammeln ☺☺

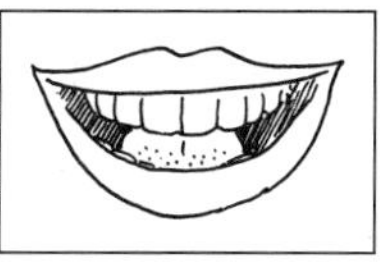

Aufgabe:

Suche dir einen Partner.
Schneidet die Honigtropfen aus und spielt „Honig sammeln“.

Anleitung:

Du sollst so viel Honig wie möglich sammeln und in die Wabe bringen.
Sauge dazu die Honigtropfen mit dem Strohhalm an.
Gewinner ist, wer den meisten Honig gesammelt hat.

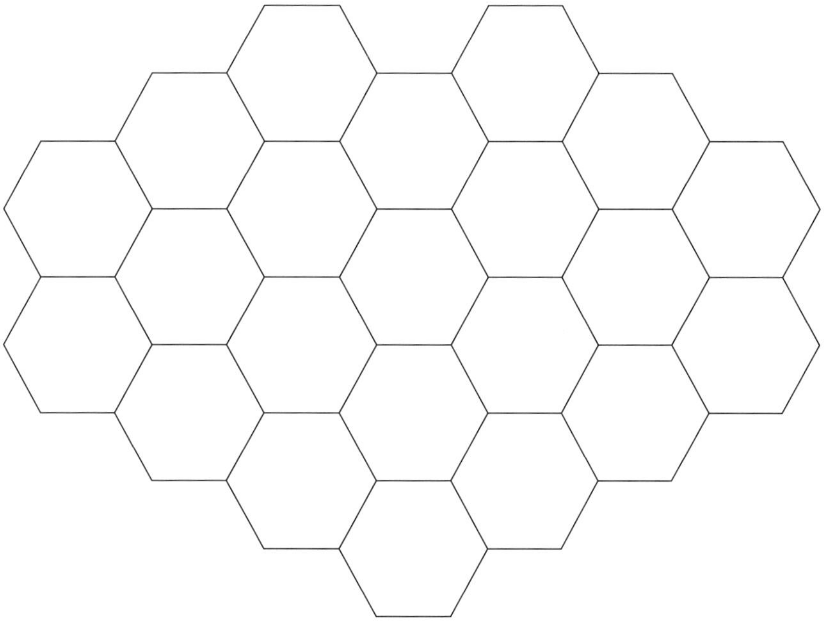

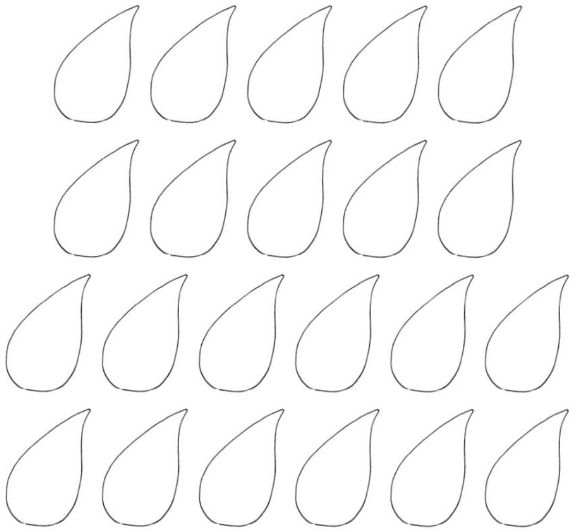

Station 4 Autorennen ☺☺

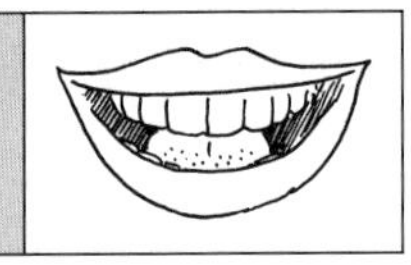

Aufgabe:

Suche dir einen Partner.
Wessen Auto ist schneller im Ziel?

Anleitung:

Nimm den Löffel mit dem Stiel in den Mund.
Halte ihn mit den Lippen gut fest.
Schiebe nun mit dem Löffel dein Auto an,
bis es im Ziel angekommen ist.

Station 5 Kaugummi-Grimassen (Arbeitsblatt) ☺☺

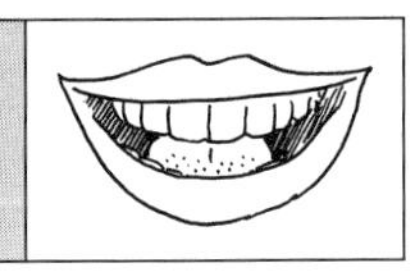

Aufgabe:

Suche dir einen Partner.
Macht gemeinsam Kaugummi-Grimassen.

Anleitung:

Nimm den Kaugummi in den Mund und kaue ihn.
Ziehe nun eine Karte.
Versuche, die Kaugummi-Grimasse nachzumachen.
Dein Partner soll die Grimasse erraten.

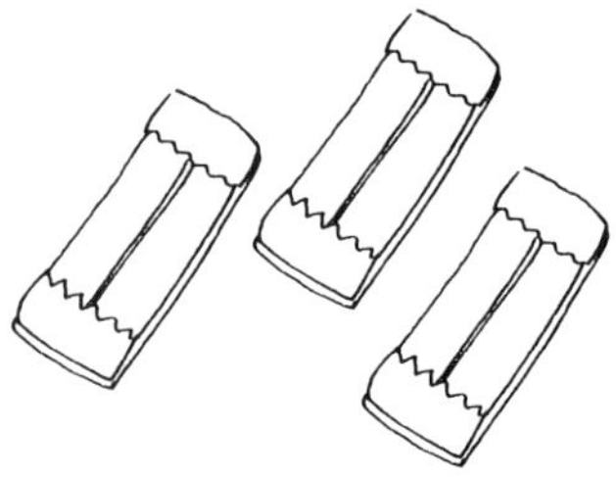

Station 5 Kaugummi-Grimassen (Karten)

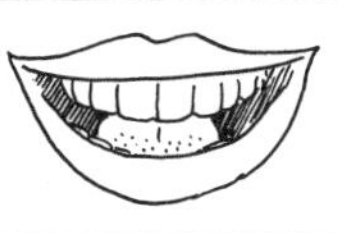

Schiebe den Kaugummi in die rechte Wange.

Schiebe den Kaugummi unter die Oberlippe.

Schiebe den Kaugummi vor die unteren Schneidezähne.

Forme den Kaugummi im Mund zu einer Schlange.

Forme den Kaugummi im Mund zu einem Ball.

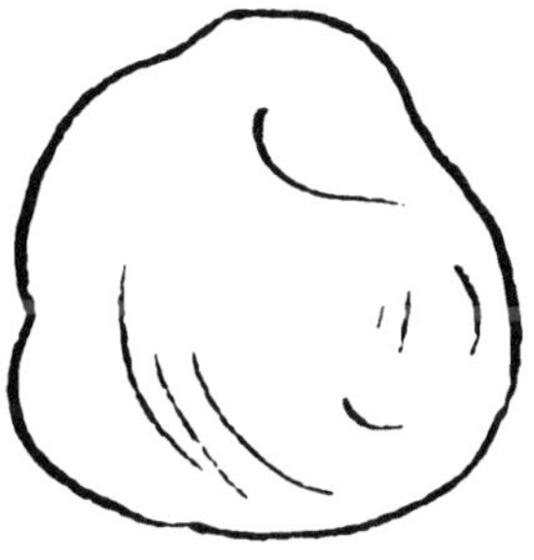

Schiebe den Kaugummi auf die Zungenspitze und strecke die Zunge heraus.

Station 6 Mundmaler (Arbeitsblatt) ☺☺

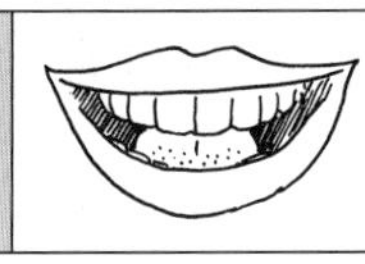

Aufgabe:

Suche dir einen Partner.
Spielt Mundmaler.

Anleitung:

Ziehe eine Karte.
Nimm nun einen Filzstift in den Mund und versuche, den Gegenstand auf der Karte unten in ein Kästchen zu malen.
Dein Partner soll erraten, was es ist.
Wechselt euch ab.

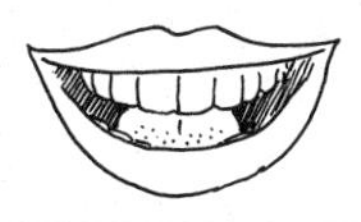

Sonne	Biene
Maus	Blume
Vogel	Besen
Stuhl	Zahnbürste
Tür	Tisch
Hose	Brille

Station 7 Staubsauger ☺☺

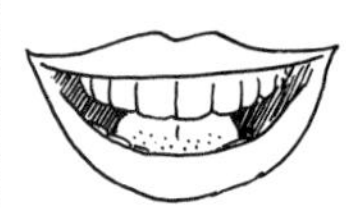

Aufgabe:

Oje, oje … wie sieht es denn hier aus?
Suche dir einen Partner.

Ihr seid nun Staubsauger.
Mal sehen, wer schneller staubsaugen kann.

Anleitung:

Nimm einen Strohhalm in den Mund und sauge die Teilchen an.
Wirf sie in dein Schälchen.

Wer am Schluss die meisten Teilchen aufgesaugt hat, ist der Gewinner.

Station 1 Sissi Sumsel – Lautlokalisation ☺

s

Aufgabe:

Wo hörst du das *s*?
Kreuze an.

1 	2 
3 	4 
5 	6 

Aufgabe:

Suche dir einen Partner.
Spielt Mäusejagd.

Anleitung:

Die Schlange will die Maus fangen.
Sie zischt dabei „sssssss“.
Die Maus darf über den Tisch gezogen werden.
Solange sie zischt, darf sie versuchen, die Maus zu fangen.

Station 3 S-Wörter (Arbeitsblatt) ☺☺/☺

Aufgabe:

1. Suche dir einen Partner.
   Spielt „*S*-Wörter schnappen“.

> **Anleitung:**
>
> Legt den Kartenstapel verdeckt auf den Tisch.
> Deckt abwechselnd eine Karte auf.
> Fängt das Wort mit *S* an, schlagt mit der Hand auf die Karte und sagt den Namen des Wortes.

2. Kreise alle *S* und *s* ein.

s E S Q k m E S

F 5 s 3 W

S f 5 a &

S ? s Ö L K s

Z z B n S o

T

s b S s a s

e t z 59 3 1

T 5 s 5

s z E S s M S

S K S s Q

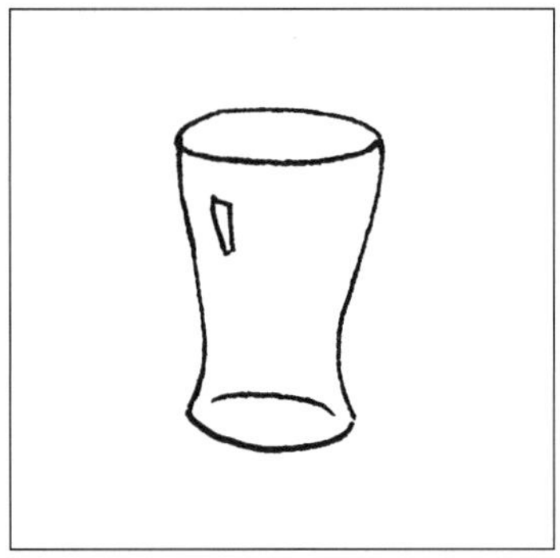

Station 3 S-Wörter (Karten 2) ☺☺ s

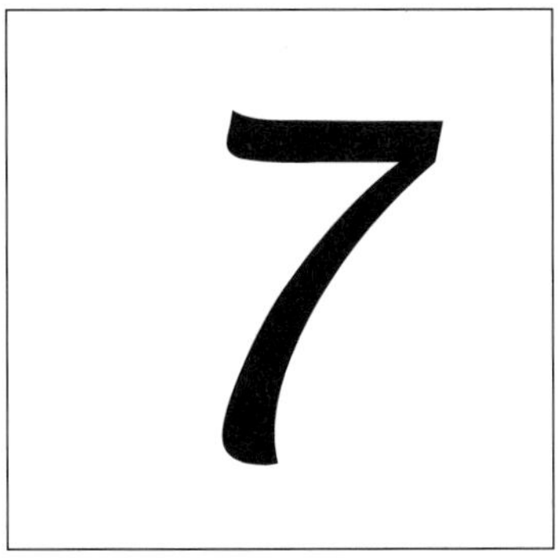

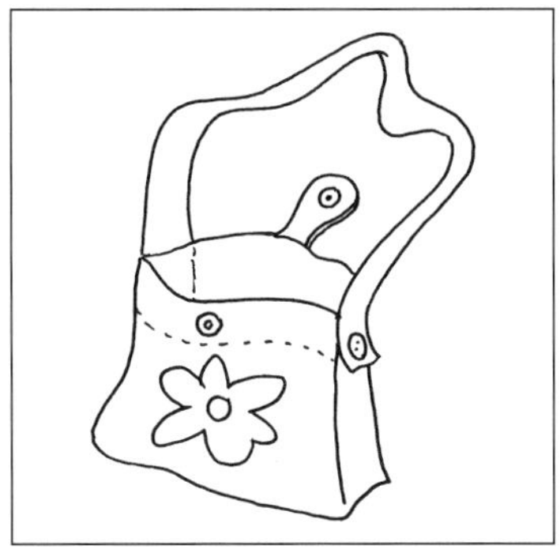

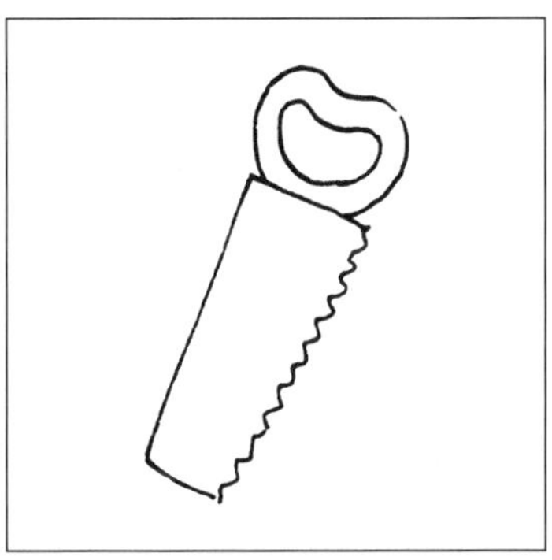

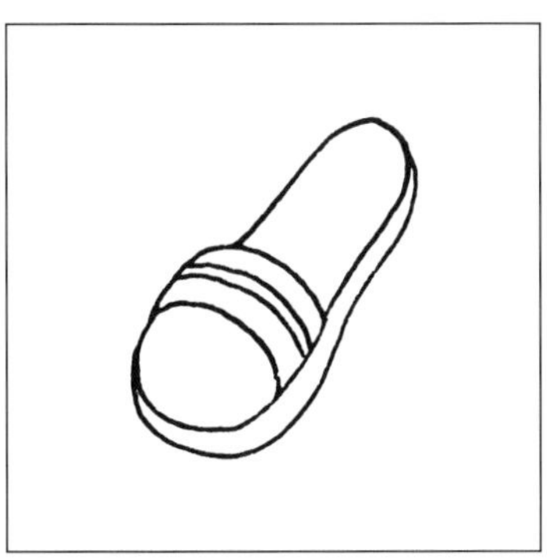
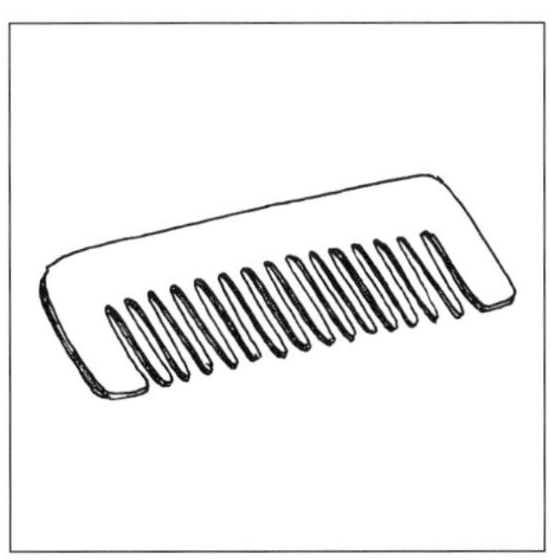

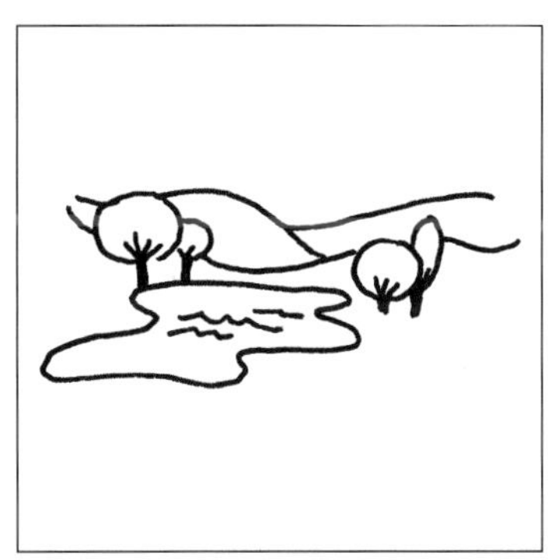

SEIFE

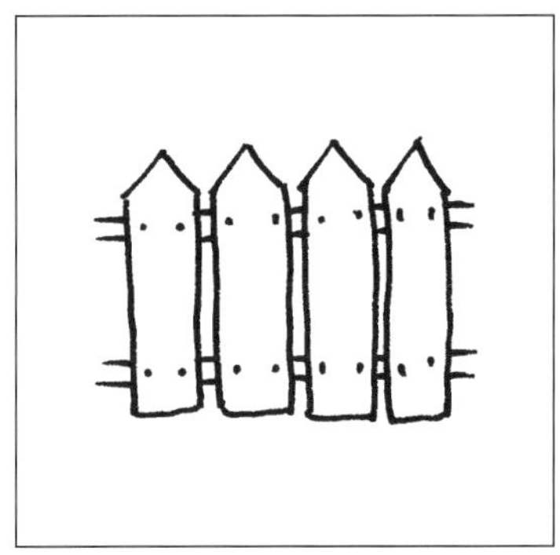
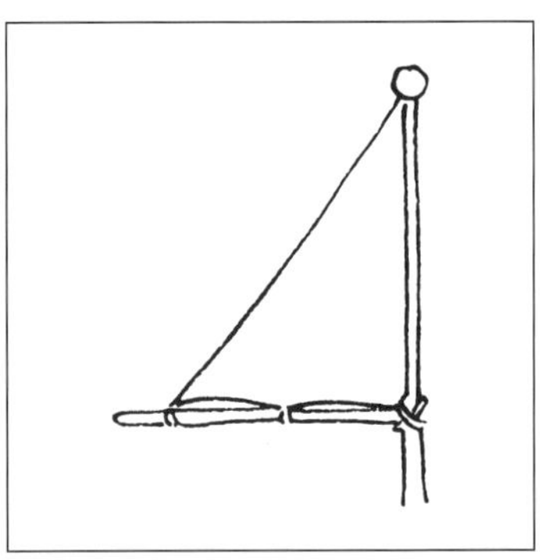

Station 4 Sissi Sumsel – Wortebene

Aufgabe:

Überlege dir Wörter, die ein *s* enthalten.
Für jedes richtige Wort darfst du Sissi einen Streifen anmalen.

Station 5 | Die Biene klopft an ☺☺

s

Aufgabe:

Suche dir einen Partner.
Spielt „Die Biene klopft an“.

Anleitung:

Setzt euch hintereinander.
Der hintere von euch beiden ist nun die Biene.
Die Biene will in den Bienenstock und klopft an den Rücken des Wächters.
Dann sagt sie ein Wort, das mit *s* beginnt oder in dem ein *s* vorkommt.
Die Biene darf entscheiden, ob sie das *s* richtig oder nicht richtig ausspricht.
Der Wächter muss nun durch genaues Hören entscheiden, ob der Laut richtig gesprochen wurde und die Biene in den Bienenstock darf.

Nach zehn Wörtern könnt ihr die Rollen tauschen.

Tipp:

Falls euch die Wörter ausgehen, können euch diese Wörter helfen:

Sand

Socken

Rasenmäher

Seife

Mäuse

Lasso

Station 6 Memory® (Arbeitsblatt) ☺☺/☺

s

Aufgabe:

1. Suche dir einen Partner.
   Spielt gemeinsam Memory®.

> **Anleitung:**
>
> Legt die Memory®-Karten verdeckt auf den Tisch.
> Decke immer zwei Karten auf und sprich die Wörter deutlich aus.
> Gleiche Karten darfst du behalten und du bist noch einmal dran.

Zusatz:

Etwas schwieriger wird dieses Memory®, wenn ihr beim Aufdecken zu jedem Wort einen Satz bildet.

2. Einige der Memory®-Wörter findest du hier, wenn du die Wortteile richtig verbindest.

Sup	lat
Sei	se
Rie	pe
Sa	fe
Sa	lami

Salat	Salat	Seife
Seife	Sand	Sand
Rasenmäher	Rasenmäher	Mauseloch
Mauseloch	Rosen	Rosen
Kiste	Kiste	Postkasten

Postkasten	Rasierer	Rasierer
Riese	Riese	Suppe
Suppe	Sahne	Sahne
Obstsalat	Obstsalat	Rosinen
Rosinen	Poster	Poster

Station 1 Schorschi – Lautlokalisation ☺ sch

Aufgabe:

Die Schlange Schorschi liebt Wörter mit *sch*.

1. Verbinde die Wörter mit Schorschis Kopf, die mit *sch* anfangen.
2. Verbinde die Wörter mit Schorschis Körper, die ein *sch* im Wortinnern haben.
3. Verbinde die Wörter mit Schorschis Ende, bei denen du das *sch* am Ende hörst.

Station 2 Die Lok – Lautübung ☺☺

Aufgabe:

Suche dir einen Partner.
Spielt gemeinsam „Die Lok“.

Anleitung:

Oje, es sind keine Schienen mehr da.
Damit die Lok zum Bahnhof kann, musst du Schienen kaufen.
Eine Schiene kostet ein richtig gesprochenes *sch*.
Dein Partner malt die Schiene auf.
Nach fünf Schienen könnt ihr wechseln.

Station 3 Schorschi – Wortebene

☺☺ sch

Aufgabe:

Schorschi will seine Freundin Schischi besuchen.
Suche dir einen Partner.
Spielt gemeinsam das Spiel.
Wer zuerst ankommt, gewinnt das Spiel.

Anleitung:

Auf den Feldern mit Gras muss sich Schorschi ausruhen und einmal aussetzen.
Auf den Feldern mit Zahlen darf Schorschi entsprechend viele Felder vorrücken oder zurückgehen. Auf den Feldern mit Bildern müsst ihr die Wörter deutlich sprechen.
Etwas schwieriger wird es, wenn ihr Sätze zu den Wörtern bildet.

Station 4 Windspiel – Lautartikulation ☺☺

sch

Aufgabe:

Suche dir einen Partner.
Nimm dir eine Feder.
Sprich nun ein *sch* und versuche damit, die Feder in der Luft zu halten.
Dein Partner zählt, wie viele Sekunden du es geschafft hast.
Danach ist dein Partner an der Reihe.

Hier könnt ihr eintragen, wie lange die Feder in der Luft war.

Name	Zeit

Station 5 | Schorschis Zungenbrecher – Satzebene ☺

Aufgabe:

Schorschi liebt Zungenbrecher. Besonders solche, in denen viele „*sch*“ vorkommen.

1. Male alle *Sch* und *sch* in den Zungenbrechern an.

Sieben Schneeschaufler schaufeln sieben Schaufeln Schnee.

Schneiders Schere schneidet scharf, scharf schneidet Schneiders Schere.

Sieben schöne Schnirkelschnecken fallen schusslig von dem Stecken.

Zwischen zwei spitzen Steinen saßen zischende Schlangen.

Zwischen zwei Zwetschgenbaumzweigen sitzen zwei zwitschernde Schwalben.

2. Suche dir einen Zungenbrecher aus und übe ihn ein.
   Ihr könnt danach einen Zungenbrecher-Wettbewerb in der Klasse veranstalten.

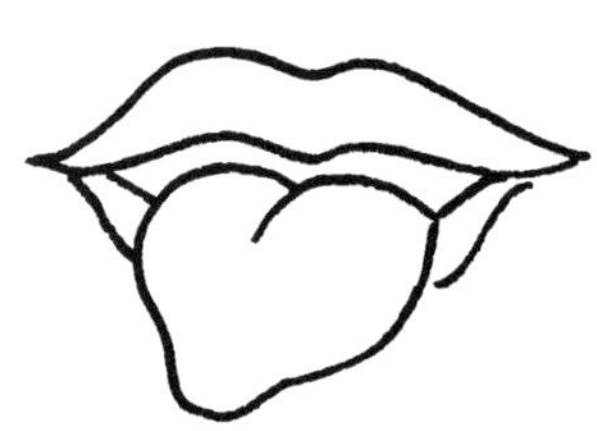

Station 6 Domino – Satzebene ☺

Aufgabe:

Schneide die Dominokarten aus und lege sie passend aneinander.
Sprich die Wörter dabei deutlich aus.

Start		Dieses Tier kriecht sehr langsam.	
Den brauche ich im Winter.		Schorschi ist ein solches Tier.	
Dieses Tier schwimmt im Wasser.	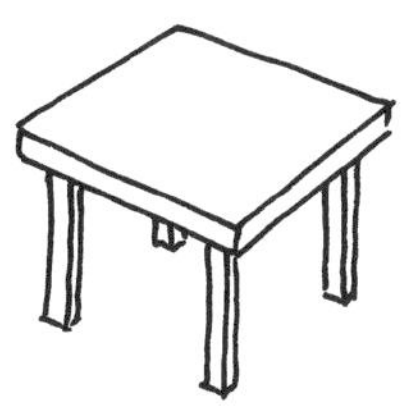	Man setzt sich daran zum Schreiben.	
Das ist ein Behälter für Getränke.		Von diesem Tier bekommen wir Wolle.	
Man findet sie auf dem Spielplatz.		Seeräuber suchen ihn oft.	
In dem Fenster ist eine aus Glas.		Sie ist eine leckere Süßigkeit.	
Meine Kleidung ist in diesem Möbelstück.		Damit kann man Papier zerschneiden.	Ende

Station 1 Giggi Gans – Lautdifferenzierung ☺ g

Aufgabe:

Giggi Gans geht einkaufen.
Sie kauft nur Dinge, in denen sie ein *g* hören kann.
Schneide die Bilder aus und klebe sie entweder auf den Einkaufskorb oder auf die Mülltonne.

Station 2 Gänsegeschnatter ☺ / ☺☺☺  g

Aufgabe:

1. Male alle *g* und *G* grün an.

G g g

G

O q M 9

S

h 9 l p

e

G K G

G s G g n

d

E g

W 5 ß

2. Suche dir zwei Mitspieler und setzt euch gemeinsam an einen Tisch.
   Spielt „Gänsegeschnatter".

Anleitung:

Ein Spieler ist nun die Gans.
Sie ruft: „gegegegege" und „gogogogogo".
Währenddessen trommeln die anderen beiden Mitspieler mit ihren Zeigefingern leise auf ihre Beine.
Sobald die Gans aber „gagagagaga" ruft, droht Gefahr und die beiden anderen Mitspieler müssen sich so schnell wie möglich auf den Boden hocken.
Wer zuerst hockt, bekommt einen Punkt.
Nun wird gewechselt und der nächste Mitspieler übernimmt die Rolle der Gans.

Station 3 Giggi-Gans-Bingo – Wortebene (Arbeitsblatt) ☺☺

 g

Aufgabe:

Suche dir einen Partner und spielt gemeinsam das „Giggi-Gans-Bingo“.

Anleitung:
Legt die Wortkarten verdeckt auf den Tisch.
Deckt abwechselnd eine Karte auf und sprecht das Wort laut und deutlich aus.
Ist es auf deiner Bingokarte abgebildet? Dann darfst du einen Stein darauf legen.
Der Spieler, dessen Karte zuerst voll ist, hat gewonnen.

BINGO

BINGO

Station 3 | Giggi-Gans-Bingo – Wortebene (Wortkarten) ☺☺ g

das Geweih	der Honig
der Globus	das Geschenk
das Fragezeichen	die Giraffe
der Vogel	der Berg
der Regenschirm	das Gras
der Igel	die Gans
der Gorilla	die Ziege
der Radiergummi	die Regenwolke

Station 4 Memory® ☺☺  g

Aufgabe:

Such dir einen Partner.
Schneidet die Karten aus und spielt gemeinsam Memory®.

Anleitung:

Lege die Karten verdeckt auf den Tisch.
Decke immer zwei Karten auf. Sprich die Wörter.
Wenn sie zusammenpassen, darfst du sie behalten.
Wenn nicht, musst du sie wieder umdrehen und der andere ist dran.
Wer am Schluss die meisten Karten hat, gewinnt das Spiel.

Gans	Gans	Gummi-bärchen	Gummi-bärchen
Nagel	Nagel	Bagger	Bagger
Geschirr	Geschirr	Regen	Regen
Igel	Igel	Gabel	Gabel
Graben	Graben	Grill	Grill

Station 5 G-Activity (Arbeitsblatt) ☺☺☺  g

Aufgabe:

Suche dir mindestens drei Mitspieler.
Spielt gemeinsam G-Activity.

Anleitung:

Legt die Aufgabenkarten verdeckt auf den Tisch.
Derjenige, der an der Reihe ist, zieht eine Karte.
Nun muss er das Wort darstellen, malen oder beschreiben.
Wer das Wort zuerst richtig sagt, bekommt die Karte und der nächste Spieler ist dran.
Wer die meisten Karten hat, gewinnt das Spiel.

Symbole:

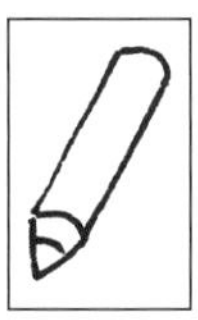

malen

darstellen

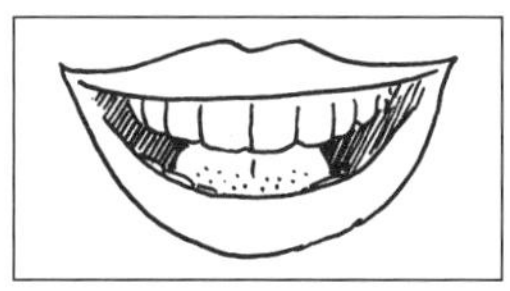

beschreiben

Beispiel:

	Garage

Wenn du diese Karte ziehst, musst du den Begriff „Garage" malen und darfst nicht sprechen.
Die anderen müssen raten, was es ist.

Station 5 G-Activity (Karten 1) ☺☺☺

g

	Garage
	Geweih
	Geschirr
	Geschenk
	Gipfel
	Igel
	Giraffe
	Gorilla
	Gras

Station 5 G-Activity (Karten 2) ☺☺☺  g

	Garage
	Geweih
	Geschirr
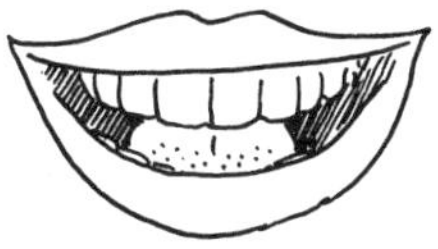	Regenschirm
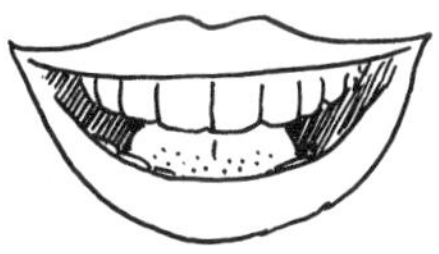	Berg
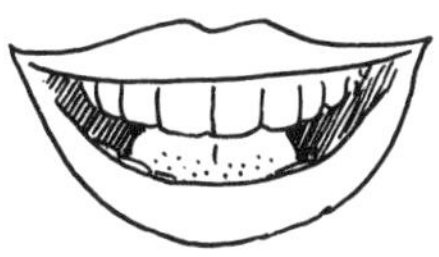	Regenbogen
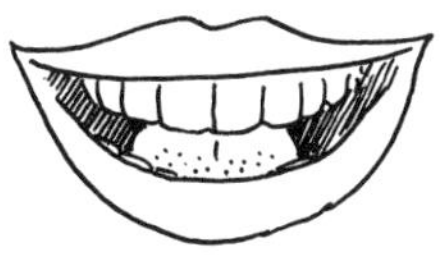	Vogel
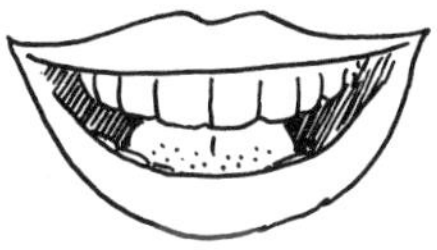	Geschichte
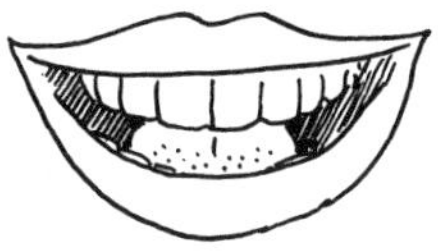	Gespenst

Station 6 Giggi Gans packt ihren Koffer ☺/☺☺  g

Aufgabe:

1. Giggi Gans möchte in den Urlaub fahren.
   Sie hat sich über einige Länder informiert. Es kommen aber nur die Länder infrage, die ein *g* im Namen haben.
   Lies diese Wörter laut und male sie an.

Ägypten	Frankreich	Nigeria
Armenien	Grönland	Paraguay
Argentinien	Griechenland	Portugal
Brasilien	Indien	Spanien
Bulgarien	Kongo	Venezuela
China	Madagaskar	Vietnam
Dänemark	Mexiko	Zypern

2. Suche dir mindestens einen Mitspieler und spielt das Spiel „Ich packe meinen Koffer …“.
   Ihr dürft nur Dinge einpacken, die ein *g* im Namen haben.

Station 1 Tulpenbeet – Lautübung ☺☺☺

Aufgabe:

Spielt zu dritt oder viert dieses Spiel.

Anleitung:

Ein Mitspieler macht seine Augen zu. Ein anderer tippt auf eine Tulpe im Tulpenbeet.
Nun öffnet der Spieler seine Augen und rät, welche Tulpe gemeint ist, indem er mit seinem Zeigefinger darauf tippt.
Hierbei sagt er immer *t*.
Hat er die richtige Tulpe, so sagen die anderen „Topp".
Insgesamt hat jeder Spieler zehn Versuche und zehn Punkte.
Bei jedem Versuch verliert er einen Punkt.
Benötigt er zum Beispiel vier Versuche, bekommt er noch sechs Punkte.

Station 2 Tita Tupf – Lautlokalisation ☺ t

Aufgabe:

Tita Tupf mag gerne Wörter mit *t*.
Aber hörst du auch, wo das *t* in dem Wort steckt?
Verbinde richtig.

Station 3 Einkaufen – Wortebene ☺  t

Aufgabe:

Du sollst für Tita Tupf im Supermarkt einkaufen.
Die Dinge, die du kaufst, müssen alle ein *t* im Wort haben, sonst mag sie Tita nicht.
Überlege dir mindestens fünf Dinge und schreibe sie auf den Einkaufszettel.

Einkaufszettel für Tita

Station 4 | Tim Tom Tum – Wortebene/ Wahrnehmung ☺☺/☺

t

Aufgabe:

1. Suche dir einen Partner.
   Dein Partner schließt die Augen.
   Du tippst ihn nun an drei verschiedenen Stellen an und sagst dabei „Tim", „Tom" und „Tum".
   Dann öffnet dein Partner die Augen und zeigt, wo du ihn bei „Tim", „Tom" und „Tum" berührt hast.
   Dann wechselt ihr die Rollen.

2. Nimm dir einen Katalog oder eine Zeitschrift und suche Gegenstände oder Wörter, die mit *T* anfangen, heraus.
   Schneide sie aus und klebe sie hier auf.
   Sprich dann alle Wörter laut aus.

Station 5 Tita Tupf – Satzebene ☺☺ t

Aufgabe:

Oh … hier siehst du Tita Tupf.
Aber was ist denn das? Jeder Tita fehlt etwas.
Vergleiche sie mit der „echten“ Tita und sage deinem Partner in einem ganzen Satz, was den anderen Titas fehlt.
Sprich so: „Tita Tupf fehlt …“

Station 6 Tita Tupf – Textebene ☺/☺☺

t

Aufgabe:

1. Lies den Text und male alle *t* und *T* mit einem Buntstift an.
2. Lies den Text einem Mitschüler vor.

Tita Tupf geht tanzen

Tita Tupf wohnt in Tupfingen, einem sehr kleinen Ort. Doch heute Abend will Tita nach Tupfstadt zum Tanzen gehen.

Tilly Tonno will mit ihr kommen und da klingelt es auch schon an der Tür.

„Da bist du ja endlich, Tilly", sagt Tita. „Ich bin schon ganz aufgeregt. Tanzen in Tupfstadt, ist das nicht toll?"

„Ja, ich freue mich auch schon. Aber jetzt schnell, damit wir den Tupfstadt-Express noch bekommen."

Und schon sausen Tita und Tilly los. Zehn Minuten später sitzen sie im Zug. Tilly muss vor lauter Aufregung erst einmal auf die Toilette. Tita wartet so lange und hält ihren Platz frei. An der nächsten Station steigen zwei ältere Tanten ein und lächeln Tita zu. Sie sehen nett aus, doch als der Zug wieder fährt, springen sie plötzlich auf. Sie stellen sich vor Tita und rufen: „Tasche her, aber schnell!" Tita zittert vor Angst. Was soll sie tun? Sie will den beiden gerade ihre Tasche geben, als beide Tanten zu Boden gehen. Tilly kam gerade von der Toilette zurück und beobachtete alles. Da packte sie ihre Tasche und ihren Schirm und schlug die beiden Tanten zu Boden.

An der nächsten Haltestelle rufen Tita und Tilly die Polizei und übergeben ihnen die beiden Tanten.

Sie erfahren, dass die beiden schon lange gesucht werden.

Die Polizei bedankt sich tausendmal für die tolle Mitarbeit und überreicht Tita und Tilly eine tolle Belohnung.

Tita und Tilly sind glücklich: Das war aufregend. Aber nun geht es endlich zum Tanzen!

Aufgabe:

1. Suche dir einen Partner.
   Gehe an das Waschbecken und fülle einen Becher mit Wasser.
   Versuche nun, mit dem Wasser zu gurgeln.
   Sage dabei „rrrrrrrr".
   Wechselt euch ab.

2. Unten findet ihr Wörter, die mit *R* beginnen.
   Versucht nun, diese Wörter zu gurgeln.
   Natürlich könnt ihr euch auch selbst Wörter mit *R* ausdenken.
   Erkennt dein Partner, welches Wort du gegurgelt hast?

Rabe

Radio

Regen

Rakete

Raupe

Rosine

Ritter

Station 2 Autorennen – Lautartikulation ☺/☺☺

 r

Aufgabe:

1. An wie vielen *r* oder *R* kommt Rumo Rabe auf seinem Weg nach Hause vorbei?

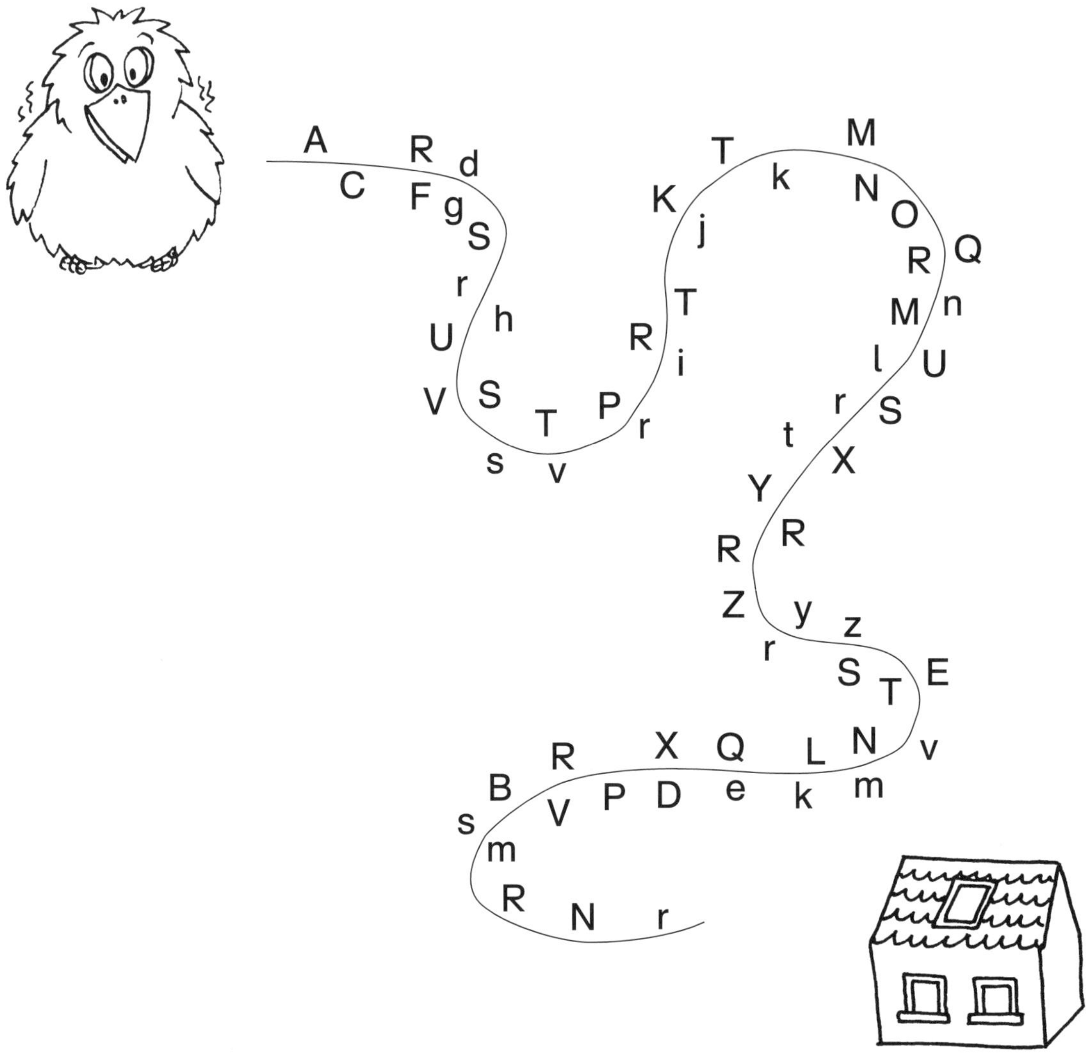

2. Suche dir einen Partner.
   Jeder von euch nimmt sich ein Auto mit Schnur.
   Die Schnur wird nun aufgerollt. Dabei sprichst du „rrrrrrrr".
   Wer die Schnur seines Autos zuerst aufgerollt hat und dabei „rrrrrrrr" gesagt hat, gewinnt.

Station 3 Rumo Rabe – Lautebene ☺  r

Aufgabe:

Rumo fehlen seine Federn – brrrrrrrr, er friert.
Hilf ihm, indem du ihm neue Federn aufklebst.
Reiße dazu aus einem Katalog oder einer Zeitschrift Schnipsel aus.
Sage zu jedem Schnipsel „rrrrrrrrrrrrrrrr" und klebe ihn dann auf.

Aufgabe:

Rumo hat ein Rätsel für dich gemacht.
Und weil Rumo Dinge am liebsten mag, die mit *R* anfangen, haben alle Lösungswörter diesen Anfangsbuchstaben.

Lies und schreibe dann die Lösungswörter auf.
Markiere bei allen Lösungswörtern das *R* oder *r* und lies sie dir danach noch einmal deutlich vor.

An Silvester zünden wir viele ______________________.

Mit dem __________________________ kann ich alles, was ich mit Bleistift geschrieben habe, wegradieren.

Aus der ________________ wird ein Schmetterling.

Der ____________________ trug früher eine schwere Rüstung.

Wölfe leben in einem ____________________.

Zum Wandern packe ich alles, was ich brauche in einen __________________ und setze ihn auf.

Der Elefant hat einen _______________.

Station 5 Verhext – Wortebene ☺☺

r

Aufgabe:

1. Suche dir einen Partner.
   Einer liest die Wörter vor.
   Aber Vorsicht, anscheinend sind sie verhext worden, denn die ersten Laute der zusammengesetzten Wörter sind vertauscht.
   Höre genau zu und sprich die Wörter dann richtig aus.

Verhexte Wörter:

Keis**r**orn	**B**itter**r**urg	**Sch**aum**r**iff
Begen**r**ogen	**R**uchen**k**ezept	**F**ad**r**ahrer
Suck**r**ack	**R**ini**m**ock	**Sch**aben**r**abel
Kosinen**r**uchen	**R**elt**w**ekord	**R**ilder**b**ahmen
Gadier**r**ummi	**T**au**br**ier	**B**echen**r**uch

2. Schreibe nun alle Wörter noch einmal richtig auf.
   Sprich sie beim Schreiben deutlich mit.
   Markiere alle *R* und *r*.

Station 6 Raubraben – Satzebene (Arbeitsblatt) ☺☺

r

Aufgabe:

Die Raubraben rauben *R*-Wörter.
Suche dir einen Partner und spielt das Spiel.

Anleitung:

Zieh eine Karte.
Nenne entsprechend der Zahl auf der Karte Dinge mit *R*.
Sprich so: „Die Raubraben rauben …“
Für jedes Wort, das du gefunden hast, bekommst du einen Punkt.
Wenn dir so gar kein Wort mehr einfallen will, darfst du auf die Wörterliste schauen. Allerdings musst du dir dafür einen Punkt abziehen lassen.
Es wird auch ein Punkt abgezogen, wenn du den Satz nicht vollständig sagst.
Wenn keine Karten mehr da sind, zählt ihr eure Punkte zusammen. Wer die meisten Punkte hat, gewinnt das Spiel.

Wörterliste:

der Rabe	die Ratte	der Reis
das Rad	der Raub	der Rest
der Radfahrer	der Rauch	das Rezept
das Radieschen	der Raum	der Riegel
das Radio	die Raupe	das Rind
der Rahmen	der Rechen	der Ritter
die Rakete	das Recht	der Rollladen
die Rampe	das Rechteck	der Roman
der Rand	die Rede	der Rost
der Ranzen	das Regal	die Rübe
der Rasen	das Reh	der Rucksack
die Rassel	der Reifen	das Ruder
das Rätsel	die Reihe	die Rutsche

Station 6 Raubraben – Satzebene (Zahlenkarten)

☺☺

r

1	2	3	4
1	2	3	4
1	2	3	4
1	2	3	4
1	2	3	4
1	2	3	4

Station 1 | Das Dings (Arbeitsblatt) ☺/☺☺

Aufgabe:

1. Verbinde.

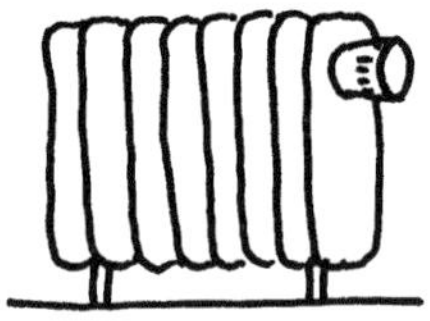

die Tür

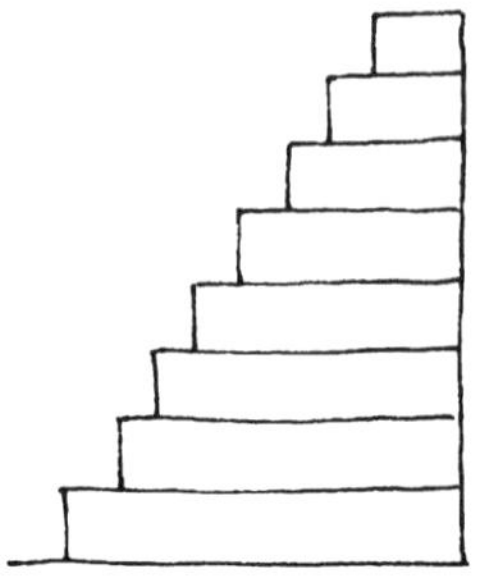

die Bahn

die Treppe

die Heizung

der Stuhl

das Meer

das Heft

das Telefon

2. Suche dir einen Partner.
   Nehmt euch die Wortkarten und spielt das Spiel.

Anleitung:

Drehe die Sanduhr um.
Ziehe eine Karte und erkläre deinem Partner das Wort, ohne es zu nennen.
Wenn er es errät, ziehst du die nächste Karte und machst schnell weiter,
bis die Sanduhr durchgelaufen ist.
Dann wechselt ihr.
Gewonnen hat derjenige, der am Schluss die meisten Karten hat.

der Kamm	der Löffel
die Nummer	der Stamm
die Butter	die Brücke
der Wecker	der Schmutz
der Blitz	der Kuss
der Hunger	die Schwester
die Straße	der Schlitten
das Kissen	das Boot

Station 2 Kaufladen (Arbeitsblatt) ☺☺

Aufgabe:

Du bist in einem Supermarkt, in dem es viele schöne Sachen gibt.
Suche dir einen Partner.
Spielt Kaufladen.

Anleitung:

Legt die Karten verdeckt auf den Tisch und dreht die erste Karte um.
Ihr dürft nur Sachen kaufen, die die Eigenschaft haben, die auf der Karte steht.
Tragt eure Wörter jeder in eure Tabelle ein.
Wer zuerst drei passende Dinge gefunden hat, ruft „Stopp“.
Für jedes passende Wort erhaltet ihr einen Punkt.

Station 2 Kaufladen (Tabelle) ☺☺

	Ich kaufe …
1	
2	
3	
4	
5	
6	

Alles, was aus Holz ist

Alles, was rund ist

Alles, was Lärm macht

Alles, was man trinken kann

Alles, was gut riecht

Alles, was vier Ecken hat

Station 3 Gegenteile ☺

Aufgabe:

Verbinde immer die Gegenteile miteinander.
Bei manchen Wörtern fehlen die Gegenteile.
Schreibe sie dazu.

kurz

dünn

kalt

dick

lang

fröhlich

leer

billig

teuer

voll

nass

Station 4 Was passt nicht? ☺☺

Aufgabe:

Kreise ein, welches Wort nicht in die Reihe passt.
Schreibe hinter die Reihe, warum die anderen Wörter zusammengehören.

Beispiel:

Fisch, Hund, Maus, Stuhl, Ente → *Tiere*

Löffel, Gabel, Messer, Tisch → ____________________

Milch, Tee, Keks, Saft, Kaffee → ____________________

Ananas, Apfel, Gabel, Birne → ____________________

Anna, Lena, Maria, Lukas → ____________________

Blume, Baum, Fenster, Busch → ____________________

Heft, Radierer, Spitzer, Tasse → ____________________

Auto, Sessel, Bus, Motorrad → ____________________

Ei, Bonbon, Lolli, Gummibärchen → ____________________

Klavier, Flöte, Hund, Trompete → ____________________

blau, grün, klein, gelb, rot → ____________________

Mama, Papa, Doktor, Bruder → ____________________

Zeitung, Buch, Heft, Zahnbürste → ____________________

Rose, Tulpe, Sonnenblume, Eis → ____________________

Mann, Frau, Katze, Kind → ____________________

Pulli, Schokolade, Hose, Kleid → ____________________

Station 5 Quatschpatsch (Arbeitsblatt) ☺☺☺☺/☺

Aufgabe:

1. Hör genau zu.
   Da stimmt doch was nicht!
   Immer wenn etwas nicht richtig ist, rufst du laut „Quatschpatsch“.
   Wenn du Recht hast, darfst du dir einen Stein aus dem Korb nehmen.
   Wer am Schluss die meisten Steine hat, gewinnt das Quatschpatsch-Spiel.

2. Was stimmt hier nicht?
   Unterstreiche.

Ich esse meinen Saft.

Mama kocht heute Nudeln mit Kleber.

Mein Bruder liest ein Haus.

Papa geht gerne Fußball essen.

Unser Hund jagt am liebsten Stifte im Wald.

Die Blumen wachsen im Kühlschrank.

Das Huhn legt Eis.

Auf dem Baum sitzt ein Frosch und singt.

Mama fährt mich mit dem Auge zum Fußball-Training.

Station 5 Quatschpatsch (Vorlesegeschichte) ☺☺☺☺

Quatschpatsch-Geschichte zum Vorlesen

Heute gehe ich ins Kino.

Ich kaufe mir an der Kasse eine Eintrittskarte.

Dann kaufe ich mir am Kiosk Popcorn und eine Cola.

Ich nehme meine Fanta und suche mir einen Platz im Kinosaal.

Erst einmal läuft Werbung.

Bis die Werbung zu Ende ist, habe ich mein Eis fast aufgegessen.

Das Licht im Saal geht an und der Film beginnt.

Er ist sehr spannend. Vor lauter Aufregung schlafe ich ein.

Als der Film zu Ende ist, gehe ich nach draußen.

Es ist schon Abend und die Sonne geht auf.

Ich laufe mit dem Bus nach Hause.

Zu Hause mache ich mir noch etwas zu Essen, weil ich Durst habe.

Das war ein schöner Abend.

Ich ziehe meinen Schlafanzug an und stehe aus dem Bett auf.

Ich öffne die Augen und versuche einzuschlafen.

Gute Nacht.

Station 6 Wörtersammler (Arbeitsblatt) ☺/☺☺☺

Aufgabe:

1. Schreibe zu jedem Buchstaben ein Wort auf.
   Du hast drei ☺, die du einsetzen kannst, wenn dir kein Wort einfällt.

A: ______________	B: ______________
C: ______________	D: ______________
E: ______________	F: ______________
G: ______________	H: ______________
I: ______________	J: ______________
K: ______________	L: ______________
M: ______________	N: ______________
O: ______________	O: ______________
Q: ______________	R: ______________
S: ______________	T: ______________
U: ______________	V: ______________
W: ______________	X: ______________
Y: ______________	Z: ______________

2. Suche dir mindestens zwei Mitspieler.
   Spielt das Spiel Wörtersammler.

Anleitung:

Der erste Spieler zieht eine Buchstabenkarte.
Dreht die Sanduhr um.
Der Spieler muss nun möglichst viele Wörter mit dem genannten Buchstaben finden.
Die anderen zählen mit. Für jedes richtige Wort gibt es einen Punkt.
Nun ist der nächste Spieler an der Reihe.

Station 6 Wörtersammler (Buchstabenkarten) ☺☺☺

A	B
C	D
E	F
G	H
I	J
K	L
M	N
O	P
Q	R
S	T
U	V
W	X
Y	Z

Station 1 Silbenspiel ☺☺

Aufgabe:

Suche dir einen Partner.
Spielt das Silbenspiel.
Ihr braucht einen Würfel und zwei Spielfiguren.

Ziel ☺

Nenne einen Beruf mit 2 Silben.

Gehe 4 Felder zurück.

1 x aussetzen!

Wie viele Silben sind es? Gehe genau so viele Felder vor.

Nenne ein Nahrungsmittel mit 2 Silben.

Wie viele Silben sind es? Gehe genau so viele Felder vor.

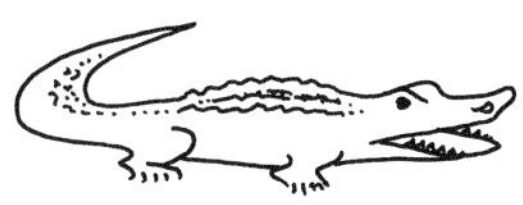

Nenne ein Getränk mit 1 Silbe.

Nenne ein Tier mit 3 Silben.

Start

Station 2 Präpositionen ☺☺

Aufgabe:

Lies und male.

In der Mitte steht ein Tisch.

Auf dem Tisch steht eine Blumenvase.

In der Blumenvase sind drei rote Blumen.

Unter dem Tisch liegt ein gelber Ball.

Über dem Tisch ist eine Lampe.

Rechts neben der Vase liegt ein grünes Buch.

Links neben der Vase liegt eine Zeitung.

Auf der Zeitung liegt das Telefon.

Rechts neben dem Tisch ist die offene Zimmertür.

Du kommst gerade durch die Tür.

Station 3 | Einzahl – Mehrzahl ☺

Aufgabe:

Sieh dir das Bild gut an. Von welchen Dingen siehst du mehrere?
Schreibe so auf: ein Ball – drei Bälle

Station 4 Das Artikel-Schiff ☺

Aufgabe:

Oje, eine Überschwemmung kommt. Du darfst alle Tiere auf das Schiff laden, um sie vor dem Wasser zu schützen. Schreibe sie dazu in das Schiff.

Achte auf die Stockwerke:
- In den ersten Stock dürfen nur Tiere, die den Artikel „der" haben.
- In den zweiten Stock dürfen nur die Tiere mit dem Artikel „die".
- In den dritten dürfen Stock nur die Tiere mit „der" als Artikel.

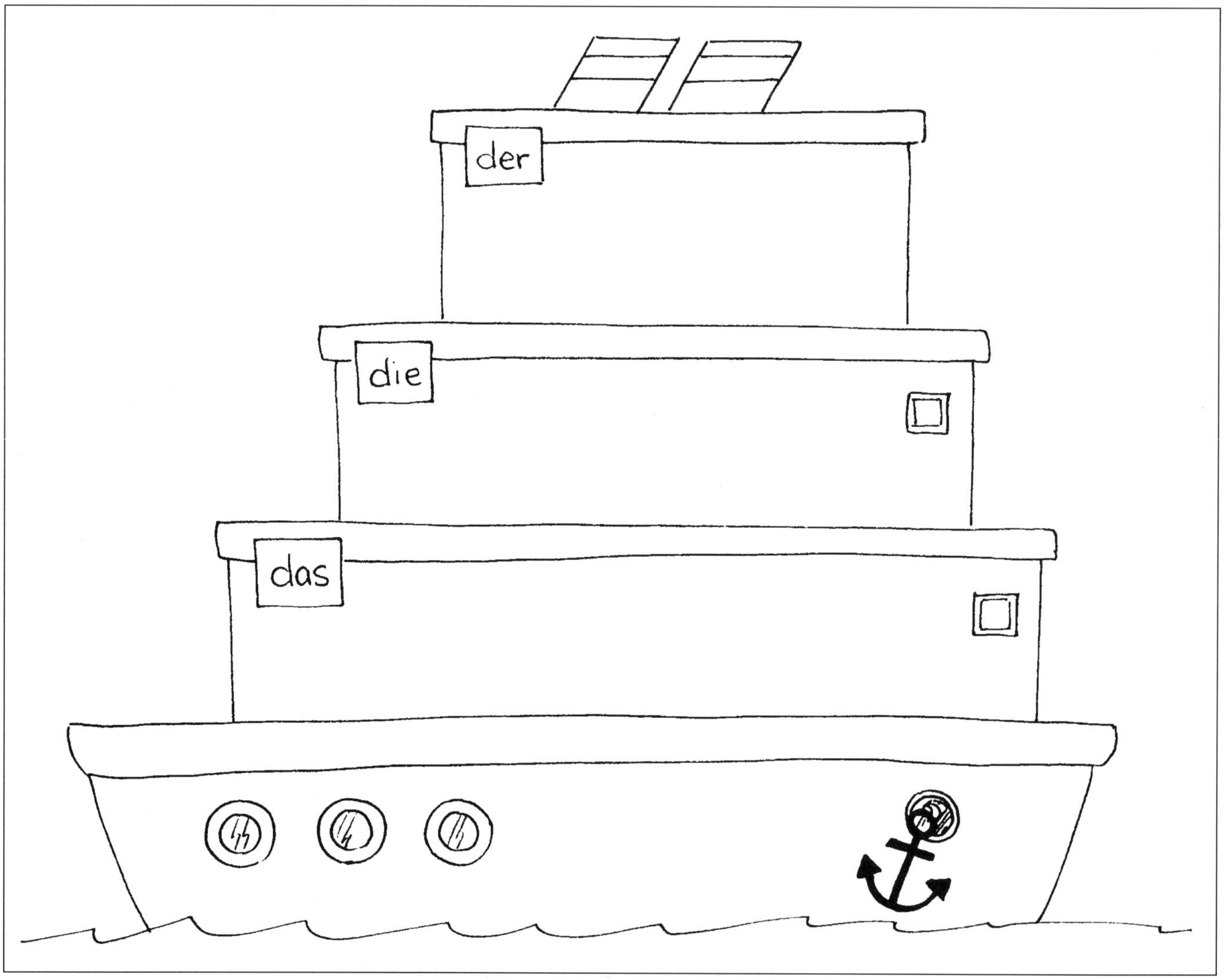

Station 5 Satzdurcheinander ☺

Aufgabe:

Versuche, neue Sätze zusammenzusetzen.
Schneide dazu aus jedem Kasten ein Wort aus und klebe deinen Satz in dein Heft.
Du darfst auch Unsinnsätze bilden!

1	2	3
Der Koch	kocht	den Knochen.
Der Hund	frisst	den Frosch.
Das Mädchen	liebt	den Vater.
Der Junge	ruft	den Räuber.
Die Fee	zwickt	den Opa.
Die Schlange	fängt	den Zaun.
Das Pferd	springt über	das Buch.
Die Mama	kriecht über	die Suppe.
Der Polizist	verzaubert	das Spiel.

Station 6 Sätze verändern ☺

Aufgabe:

Schreibe wie im Beispiel.

Beispiel:

Ein Mädchen spielt. → *Viele Mädchen spielen.*

Ein Rabe fliegt. → ____________________

Ein Hundehaufen stinkt. → ____________________

Ein Bonbon schmeckt. → ____________________

Eine Schnecke kriecht. → ____________________

Ein Zauberer zaubert. → ____________________

Eine Kerze leuchtet. → ____________________

Ein Gorilla brüllt. → ____________________

Eine Dorne sticht. → ____________________

Ein Kaugummi klebt. → ____________________

Ein Auto fährt. → ____________________

Eine Frau lacht. → ____________________

Ein Kind schreibt. → ____________________

Eine Biene sticht. → ____________________

Eine Mücke summt. → ____________________

Ein Trommler trommelt. → ____________________

Ein Ballon platzt. → ____________________

Eine Blume blüht. → ____________________

Laufzettel

für ______________________________

PFLICHTSTATIONEN

Stationsnummer	Erledigt am	Kontrolliert am
Nummer ________		
Nummer ________		
Nummer ________		
Nummer ________		
Nummer ________		
Nummer ________		
Nummer ________		

WAHLSTATIONEN

Stationsnummer	Erledigt am	Kontrolliert am
Nummer ________		
Nummer ________		
Nummer ________		
Nummer ________		

Lösungen

Übungen zum Laut *s*/Station 1 — Seite 17

1  ☒ ☐ ☐	2  ☐ ☐ ☒
3  ☐ ☒ ☐	4  ☒ ☐ ☐
5  ☐ ☒ ☐	6  ☐ ☐ ☒

Übungen zum Laut *s*/Station 3 — Seite 19

2.

(S) E (S) Q k m E (S)

F 5 (s)3 W

(S) f 5 a &

(S) ? (s) Ö L K s

Z z B n (S) o

T

(S) b (S)(S) a (S)

e t z 59 3 1

T 5(S) 5

(S) Z E (S) (s) M (S)

(S) K (S) (s) Q

Übungen zum Laut *s*/Station 6 — Seite 25

Suppe, Seife, Riese, Salami, Salat

Übungen zum Laut *sch*/Station 1 Seite 28

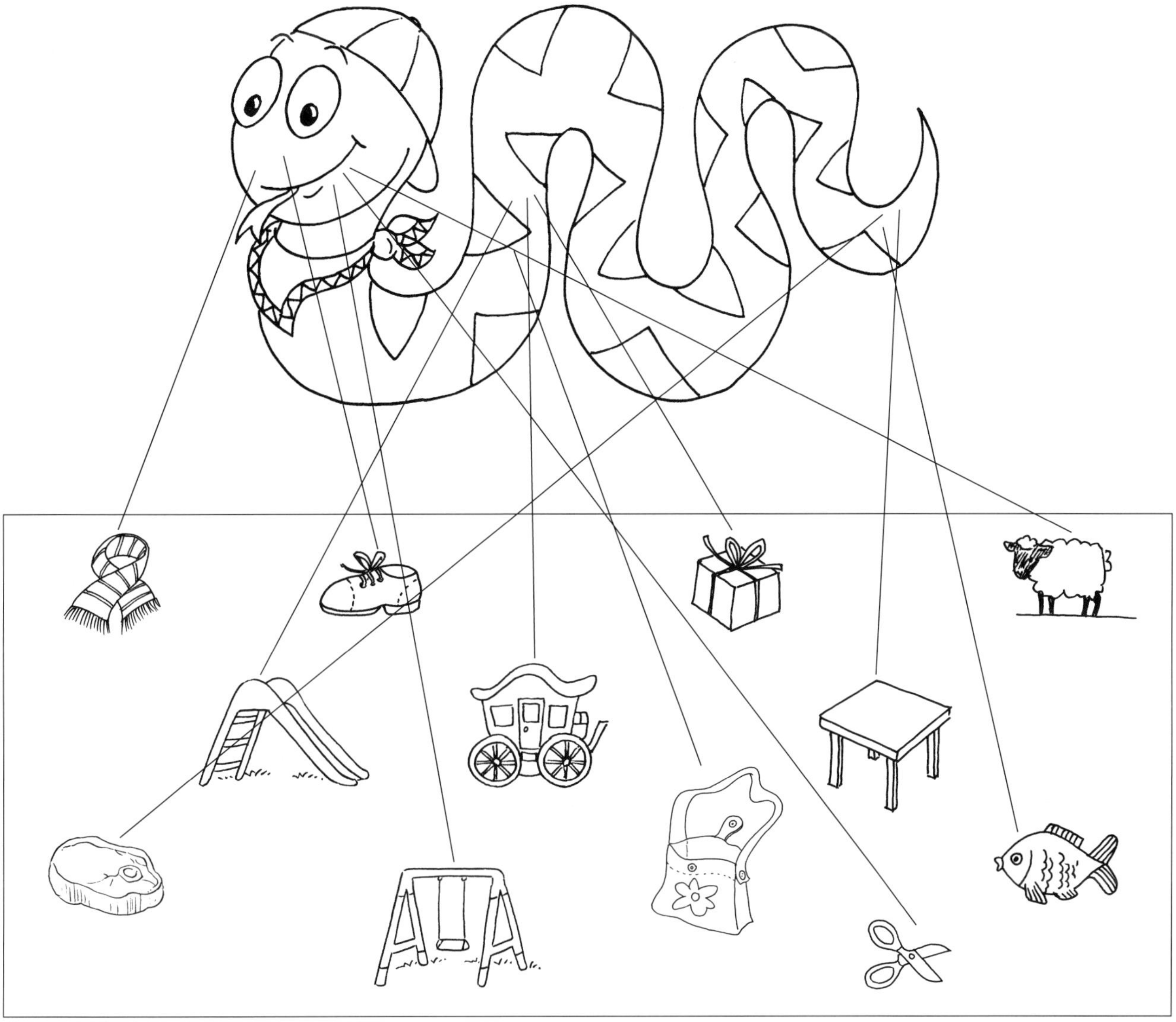

Übungen zum Laut *sch*/Station 5 Seite 32

Sieben Schneeschaufler schaufeln sieben Schaufeln Schnee.

Schneiders Schere schneidet scharf, scharf schneidet Schneiders Schere.

Sieben schöne Schnirkelschnecken fallen schusslig von dem Stecken.

Zwischen zwei spitzen Steinen saßen zischende Schlangen.

Zwischen zwei Zwetschgenbaumzweigen sitzen zwei zwitschernde Schwalben.

Übungen zum Laut *g*/Station 1 — Seite 34

Übungen zum Laut *g*/Station 2 — Seite 35

1.

(G) (g) (g) (G)

O q M 9

S

h 9 l p

e

(G) K (G)

(G) s (G) (g) n

d

E (g)

W 5 ß

Übungen zum Laut *g*/Station 6 — Seite 42

Ägypten	Frankreich	Nigeria
Armenien	Grönland	Paraguay
Argentinien	Griechenland	Portugal
Brasilien	Indien	Spanien
Bulgarien	Kongo	Venezuela
China	Madagaskar	Vietnam
Dänemark	Mexiko	Zypern

Übungen zum Laut *t*/Station 2 — Seite 44

Übungen zum Laut *t*/Station 6 — Seite 48

Tita Tupf geht tanzen

Tita Tupf wohnt in Tupfingen, einem sehr kleinen Ort. Doch heute Abend will Tita nach Tupfstadt zum Tanzen gehen.
Tilly Tonno will mit ihr kommen und da klingelt es auch schon an der Tür.
„Da bist du ja endlich, Tilly", sagt Tita. „Ich bin schon ganz aufgeregt.
Tanzen in Tupfstadt, ist das nicht toll?"
„Ja, ich freue mich auch schon. Aber jetzt schnell, damit wir den Tupfstadt-Express noch bekommen."
Und schon sausen Tita und Tilly los. Zehn Minuten später sitzen sie im Zug. Tilly muss vor lauter Aufregung erst einmal auf die Toilette. Tita wartet so lange und hält ihren Platz frei. An der nächsten Station steigen zwei ältere Tanten ein und lächeln Tita zu. Sie sehen nett aus, doch als der Zug wieder fährt, springen sie plötzlich auf. Sie stellen sich vor Tita und rufen: „Tasche her, aber schnell!" Tita zittert vor Angst. Was soll sie tun? Sie will den beiden gerade ihre Tasche geben, als beide Tanten zu Boden gehen. Tilly kam gerade von der Toilette zurück und beobachtete alles. Da packte sie ihre Tasche und ihren Schirm und schlug die beiden Tanten zu Boden.
An der nächsten Haltestelle rufen Tita und Tilly die Polizei und übergeben ihnen die beiden Tanten.
Sie erfahren, dass die beiden schon lange gesucht werden.
Die Polizei bedankt sich tausendmal für die tolle Mitarbeit und überreicht Tita und Tilly eine tolle Belohnung.
Tita und Tilly sind glücklich: Das war aufregend. Aber nun geht es endlich zum Tanzen!

Übungen zum Laut *r*/Station 2 — Seite 50

1.

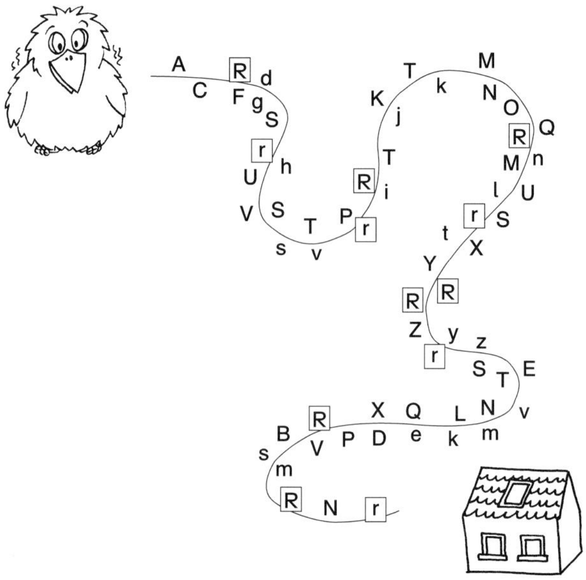

Rumo kommt an 5 *r* und 7 *R* vorbei.

Übungen zum Laut *r*/Station 4 — Seite 52

An Silvester zünden wir viele Raketen.

Mit dem Radiergummi kann ich alles, was ich mit Bleistift geschrieben habe, wegradieren.

Aus der Raupe wird ein Schmetterling.

Der Ritter trug früher eine schwere Rüstung.

Wölfe leben in einem Rudel.

Zum Wandern packe ich alles, was ich brauche in einen Rucksack und setze ihn auf.

Der Elefant hat einen Rüssel.

Übungen zum Laut *r*/Station 5 — Seite 53

1. + 2.

Reiskorn	Ritterburg	Raumschiff
Regenbogen	Kuchenrezept	Radfahrer
Rucksack	Minirock	Rabenschnabel
Rosinenkuchen	Weltrekord	Bilderrahmen
Radiergummi	Raubtier	Rechenbuch

Wortschatzerweiterung/Station 1 — Seite 56

1.

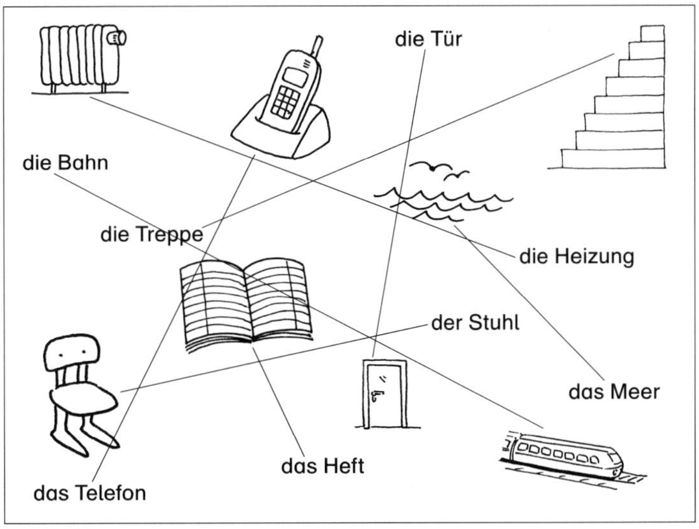

Wortschatzerweiterung/Station 3 — Seite 61

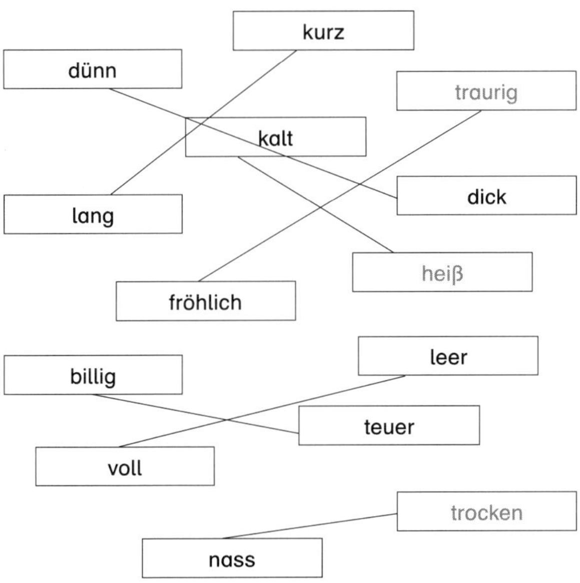

Wortschatzerweiterung/Station 4 — Seite 62

Löffel, Gabel, Messer, Tisch → Besteck
Milch, Tee, Keks, Saft, Kaffee → Getränke
Ananas, Apfel, Gabel, Birne → Obst
Anna, Lena, Maria, Lukas → Mädchennamen
Blume, Baum, Fenster, Busch → Pflanzen
Heft, Radierer, Spitzer, Tasse → Schulsachen
Auto, Sessel, Bus, Motorrad → Fahrzeuge
Ei, Bonbon, Lolli, Gummibärchen → Süßigkeiten
Klavier, Flöte, Hund, Trompete → Instrumente
blau, grün, klein, gelb, rot → Farben
Mama, Papa, Doktor, Bruder → Familie
Zeitung, Buch, Heft, Zahnbürste → kann man lesen
Rose, Tulpe, Sonnenblume, Eis → Blumen
Mann, Frau, Katze, Kind → Menschen
Pulli, Schokolade, Hose, Kleid → Kleidung

Wortschatzerweiterung/Station 5 — Seite 63

2.

Ich esse meinen <u>Saft</u>.
Mama kocht heute Nudeln mit <u>Kleber</u>.
Mein Bruder liest ein <u>Haus</u>.
Papa geht gerne Fußball <u>essen</u>.
Unser Hund jagt am liebsten <u>Stifte</u> im Wald.
Die Blumen wachsen im <u>Kühlschrank</u>.
Das Huhn legt <u>Eis</u>.
Auf dem Baum sitzt ein <u>Frosch</u> und singt.
Mama fährt mich mit dem <u>Auge</u> zum Fußball-Training.

Grammatikübungen/Station 2 — Seite 68

Grammatikübungen/Station 6 — Seite 72

Ein Rabe fliegt.	→	<u>Viele Raben fliegen.</u>
Ein Hundehaufen stinkt.	→	<u>Viele Hundehaufen stinken.</u>
Ein Bonbon schmeckt.	→	<u>Viele Bonbons schmecken.</u>
Eine Schnecke kriecht.	→	<u>Viele Schnecken kriechen.</u>
Ein Zauberer zaubert.	→	<u>Viele Zauberer zaubern.</u>
Eine Kerze leuchtet.	→	<u>Viele Kerzen leuchten.</u>
Ein Gorilla brüllt.	→	<u>Viele Gorillas brüllen.</u>
Eine Dorne sticht.	→	<u>Viele Dornen stechen.</u>
Ein Kaugummi klebt.	→	<u>Viele Kaugummis kleben.</u>
Ein Auto fährt.	→	<u>Viele Autos fahren.</u>
Eine Frau lacht.	→	<u>Viele Frauen lachen.</u>
Ein Kind schreibt.	→	<u>Viele Kinder schreiben.</u>
Eine Biene sticht.	→	<u>Viele Bienen stechen.</u>
Eine Mücke summt.	→	<u>Viele Mücken summen.</u>
Ein Trommler trommelt.	→	<u>Viele Trommler trommeln.</u>
Ein Ballon platzt.	→	<u>Viele Ballons platzen.</u>
Eine Blume blüht.	→	<u>Viele Blumen blühen.</u>